Lever de soleil sur Strasbourg depuis la colline de Blaesheim.

Sonnenaufgang über Straßburg, vom Blaesheimer Hügel aus gesehen.

Sunrise over Strasbourg from the Blaesheim hill.

Responsables éditoriaux : Stéphane Avram & Hervé Tournier

Conception et réalisation : *AUTRE*VUE (France, Rhône)
Traduction anglaise : European-translation (Grande-Bretagne)
Traduction allemande : Francine Woehl (France, Bas Rhin)
Photogravue : Aplus (France, Rhône)
Impression : Fot (France, Rhône)
Papier : Magno satin de Antalis
Façonnage : NRI (France, Yonne)

ISBN : 2-915688-01-X

Autre Vue présente

Strasbourg

De l'Alsace à l'Europe
Vom Elsass nach Europa
From Alsace to Europe

Photographies de Christophe HAMM
Textes de Bernard Vogler

Heimat deine Sterne — Frieden auf Erden. — T. Ungerer. —

Sommaire
Inhaltsverzeichnis
Contents

Introduction

La ville de Strasbourg a connu une histoire à la fois riche et mouvementée et a réussi, en dépit des destructions lors du siège de 1870 et des bombardements américains de 1944, à préserver un important patrimoine.

Créée, semble-t-il au 1er siècle avant J. C. dans les marécages – sa fondation en camp romain en -12 est aujourd'hui contestée – Strasbourg est devenue au Moyen-Age une ville épiscopale, puis une ville libre et impériale : cette riche république urbaine, une des plus importantes de l'Empire aux XVème et XVIème siècles, est symbolisée par la cathédrale à une seule flèche, la plus haute en Europe jusqu'au XIXème siècle. Sa grande période a été le XVIème siècle avec l'introduction de la Réforme protestante qui lui a donné un rayonnement européen grâce à l'imprimerie, la diffusion du livre, un commerce international avec toutes les grandes places européennes et la présence de fortes personnalités : Martin Bucer, chef de la Réforme à Strasbourg, qui a été en relations épistolaires avec de nombreux correspondants à travers l'Europe, Jacques Sturm, le porte-parole des villes libres aux différentes Diètes de l'Empire, et Jean Sturm, le fondateur du gymnase éponyme, le plus ancien établissement scolaire existant en Alsace.

Au XVIIème siècle la ville, affaiblie, est contrainte par Louvois de se soumettre à Louis XIV en 1681. Elle devient au XVIIIème siècle une ville administrative et militaire : la garnison est installée dans la citadelle construite par Vauban non loin du Rhin. Désormais y coexistent deux communautés, l'une protestante et germanophone, l'autre catholique et francophone, d'immigration récente. C'est aussi l'époque d'importantes constructions dans le style français : palais Rohan, construit par le premier cardinal de Rohan, palais de Hesse-Darmstadt (Hôtel de ville actuel sur la place Broglie), palais du préteur royal Klinglin (actuelle résidence du préfet), immeubles le long de la rue Brûlée et Aubette sur la place Kléber.

Après la Révolution, la ville connaît d'importants brassages de population. Elle devient un grand pôle d'immigration pour les fonctions tertiaires, mais ne s'industrialise que très peu.

Après le terrible siège de six semaines en 1870 par les Prussiens, la ville devient capitale du Reichsland d'Alsace-Lorraine. Sa superficie construite est doublée, car jusque-là la ville était restée dans ses remparts du XVème siècle. De nouveaux quartiers sont édifiés au nord et au nord-est, ainsi que de vastes bâtiments publics de prestige, soucieux de représentativité, autour de l'actuelle place de la République (ancien Kaiserplatz), avec une perspective sur le Palais universitaire par l'avenue de la Liberté. Le Palais de l'empereur (Palais du Rhin), la bibliothèque aux fonds les plus riches de France après la BNF à Paris et le siège de la Diète (Landtag) provinciale, devenu l'actuel TNS et le Palais universitaire sont parmi les monuments les plus représentatifs de cette période.

Au XXème siècle la qualité architecturale est souvent moins appréciée. Cependant, depuis une vingtaine d'années, de nouveaux bâtiments publics, souvent liés à la vocation européenne de Strasbourg, se font remarquer des touristes : Palais du Conseil de l'Europe, Parlement européen, Cour européenne des Droits de l'Homme…

Les photographies ont été réparties entre trois catégories.

D'abord le passé, symbolisé par la cathédrale et sa flèche (vues d'ensemble, détails extérieurs et intérieurs). C'est ensuite le patrimoine de la ville ancienne avec en particulier ses églises protestantes de Saint-Thomas et de Saint-Pierre-le-Jeune, les Ponts Couverts, la Petite France, les rues commerçantes du centre et les quais de l'Ill, mais aussi l'hôpital civil, resté grand propriétaire terrien et la Krutenau, ancien quartier inondable assaini à l'époque allemande. Le XVIIIème siècle est représenté par le Palais Rohan, qui introduit l'architecture française en face de la cathédrale, et la place Broglie avec l'hôtel de Ville et le Palais du gouverneur.

Une grande période de construction a été celle de l'époque allemande (1871-1918) avec d'importants bâtiments publics : Palais du Rhin, églises Saint-Paul (réformée) et Saint-Pierre-le-Jeune catholique, lycée des Pontonniers, gare, palais de Justice, Théâtre National, Bains municipaux, statue de Goethe, hôtel des Postes et de très belles maisons particulières.

Pour l'Entre-deux guerres, on peut citer la résidence de l'ESCA et le môle Seegmuller.

Une seconde partie est consacrée au Strasbourg d'aujourd'hui : panoramas, promenades le long des quais, animations, marchés, winstubs et surtout le marché de Noël. Enfin on pourra admirer de nombreux sites dont l'Observatoire, le Jardin Botanique, les Facultés, l'Esplanade, l'Eglise du Christ Ressuscité, le Port du Rhin, les jardins ouvriers, le quartier des Halles, la Synagogue de la Paix et l'Orangerie.

Une dernière partie ouvre sur l'avenir avec des constructions modernes, souvent très récentes : l'Hôtel du Département, la Maison de la Région, la Maison de la Musique, le Musée d'Art Moderne et Contemporain, le complexe cinématographique, l'Avancée et le Palais des Congrès.

Enfin l'avenir, c'est aussi le jardin des Deux Rives avec, sur le Rhin, la passerelle Mimram .

Ce très bel ensemble de clichés, réalisés avec beaucoup de talent par le photographe Christophe Hamm, ne peut qu'inciter à flâner dans cette très belle ville qu'est Strasbourg.

Bernard Vogler

Einleitung

Die Stadt Straßburg hat eine zugleich reichhaltige und bewegte Geschichte, und es ist ihr, trotz der Zerstörungen bei der Belagerung der Stadt 1870 und trotz der amerikanischen Bombardierungen 1944, gelungen, ein großes Kulturerbe zu erhalten.

Gegründet auf Sumpfland im, so scheint es, 1. Jahrhundert v. Chr. - seine Gründung als römisches Heerlager im Jahr 12 v. Chr. wird heute angezweifelt -, ist Straßburg im Mittelalter Bischofssitz und dann Freie und Reichsstadt geworden: Diese reiche Stadtrepublik, eine der bedeutendsten des Reichs im 15. und 16. Jahrhundert, wird durch das Münster mit seinem einzigen Turm symbolisiert, dem höchsten ganz Europas bis ins 19. Jahrhundert hinein. Ihre große Zeit war das 16. Jahrhundert mit der Reformation, die ihr durch Buchdruckerei, Verlagswesen, internationalen Handel mit allen großen europäischen Handelsplätzen, und durch starke Persönlichkeiten europäische Ausstrahlung verschaffte: Martin Bucer, Anführer der Straßburger Reform, der mit sich mit vielen europäischen Brieffreunden austauschte, Jakob Sturm, der Sprecher der Freien Städte in den Landtagen des Reichs, und Hans Sturm, der mit dem gleichnamigen Gymnasium die älteste Schule des Elsass gründete.

Im 17. Jahrhundert wird die geschwächte Stadt 1681 durch Louvois gezwungen, sich Ludwig XIV. zu unterwerfen. Sie wird im 18. Jahrhundert eine Verwaltungs- und Militärstadt: die Garnison wird in der von Vauban erbauten Zitadelle unweit des Rheins einquartiert. Von nun an leben zwei Gemeinschaften Seite an Seite in der Stadt, eine deutschsprachige protestantische und eine französischsprachige katholische, die erst vor kurzem eingewandert ist. Dies ist auch die Epoche großer Bauten in französischem Stil: des durch den ersten Kardinal Rohan erbauten Rohanpalasts, des Palast des königlichen Statthalters Klinglin (des heutigen Sitzes des Präfekten), der Gebäude entlang der Brandgasse, der Kleinen Metzig auf dem Kléberplatz.

Nach der Revolution erlebt die Stadt große Bevölkerungsvermischungen. Sie wird ein großer Anziehungspunkt für Dienstleistungsgewerbe, industrialisiert sich aber aber nur sehr weing.

Nach der schrecklichen sechswöchigen Belagerung 1870 durch die Preußen wird die Stadt Hauptstadt des Reichslands Elsass-Lothringen. Ihre bebaute Fläche verdoppelt sich, denn bis dahin war die Stadt innerhalb ihrer Befestigungen aus dem 15. Jahrhundert verblieben. Neue Stadtviertel werden im Norden und Nordosten erbaut, sowie große prestigeträchtige öffentliche Prachtbauten um den heutigen Republikplatz (den früheren Kaiserplatz), mit einem Ausblick durch die avenue de la Liberté auf das Universitätsgebäude. Der Kaiserpalast (Rheinpalast), die nach der Pariser Nationalbibliothek reichhaltigste Bibliothek Frankreichs, der heute zum Nationaltheater gewordene Sitz des Landtags, das Universitätsgebäude zählen den typischen Baudenkmälern jener Zeit.

Im 20. Jahrhundert wird architektonische Qualität meist weniger geschätzt, aber seit ca. zwanzig Jahren wecken neue öffentliche Gebäude, die oft mit Straßburgs europäischer Rolle in Verbindung stehen, das Interesse der Touristen: der Palast des Europarats, das Europaparlament, der europäische Gerichtshof für Menschenrechte.

Die Bilder sind in drei Kategorien eingeteilt.

Zunächst die Vergangenheit, symbolisiert duch das Münster und seinen Turm (Gesamtansichten, äußere und innere Teilansichten). Danach das Erbe der alten Stadt, insbesondere die protestantischen Kirchen St. Thomas und Jung-St.-Peter, die gedeckten Brücken, die Petite France, die Geschäftsstraßen des Stadtkerns und die Illstaden, aber auch das Bürgerspital, das immer noch ein großer Grundbesitzer ist, und die Krutenau, ein altes, oft überflutetes und zur Zeit der deutschen Herrschaft trockengelegtes Viertel.

Die deutsche Herrschaft (1871-1918) war eine Zeit großer Bauaktivität, mit bedeutenden öffentlichen Gebäuden: dem Rheinpalast, der (reformierten) Paulskirche und Katholisch-Jung-St.-Peter, dem Pontonniers-Gymnasium, dem Bahnhof, dem Justizpalast, dem Nationaltheater, dem Stadtbad, dem Goethestandbild, dem Postgebäude, und sehr schönen Privathäusern.

Für die Zeit zwischen den Kriegen kann man auf das ESCA-Wohnhaus und die Seegmullermole verweisen.

Ein zweiter Teil ist dem heutigen Straßburg gewidmet: Rundansichten, Spaziergänge entlang der Staden, Veranstaltungen, Märkte, Winstuben, und vor allem dem Weihnachtsmarkt. Schließlich werden Sie auch zahlreiche interessante Orte bewundern können, darunter die Sternwarte, den botanischen Garten, die Fakultäten, die Esplanade, die Wiederauferstehungskirche, den Rheinhafen, die Schrebergärten, das Hallenviertel, die Friedenssynagoge und die Orangerie.

Der letzte Teil öffnet sich in Richtung der Zukunft, mit modernen, oft sehr neuen, Bauten, mit dem Départementsgebäude, dem Haus der Region Elsass, dem Musikhaus, dem Museum für moderne Kunst, dem Kinokomplex, dem Avancée-Gebäude und dem Kongresspalast.

Die Zukunft ist schließlich auch der Zweiufergarten mit der Mimram-Rheinbrücke.

Es handelt sich um eine sehr schöne Bildersammluing, die mit viel Begabung von dem Fotografen Christophe Hamm erstellt worden ist. Sie kann nur zum Durchstreifen der schönen Stadt, die Straßburg ist, aufforden.

Bernard Vogler

Introduction

The city of Strasbourg has had a rich and eventful history, and – despite the destruction caused during the 1870 siege and the American bombardments of 1944 – it has succeeded in preserving a large part of its heritage.

It would appear that Strasbourg was founded in the marshes in the 1st century BC – its foundation as a Roman camp in 12 BC is now contested. In the Middle Ages it became an Episcopal city, then a free and imperial city: this rich urban republic, one of the most important in the Empire in the 15th and 16th centuries, is symbolised by the cathedral with its single spire: the tallest in Europe until the 19th century. Its time of greatness was the 16th century, with the introduction of the protestant Reformation, which gave it influence all over Europe, thanks to printing, the spread of books, international trade with all the major European marketplaces and the presence of some strong individuals. Principal among these were Martin Bucer, leader of the Reformation in Strasbourg, who kept in contact by letter with numerous people across Europe, Jacques Sturm, spokesman for the free cities at the Empire's different Diets, and Jean Sturm, founder of the Jean Sturm high school, the oldest scholastic establishment in Alsace.

In the 17th century the weakened city was forced by Louvois to submit to Louis XIV in 1681. In the 18th century it became an administrative and military city: the garrison was set up in the citadel built by Vauban not far from the Rhine. From then on, two communities coexisted, one Protestant and German-speaking, the other made up of recent Catholic and French-speaking immigrants. This was also a time of significant building in the French style: the Rohan palace, built by the first Cardinal of Rohan, the Hesse-Darmstadt palace (the current Town Hall in place Broglie), the palace of the royal praetor Klinglin (today the Prefect's residence), apartment buildings along the rue Brûlée, and the Aubette in place Kléber.

After the Revolution, the city experienced significant intermingling of the population. It became a major centre for immigration in the service sector, but there was very little industrial development.

After the terrible six-week siege in 1870 by the Prussians, the city became the capital of the German province of Alsace-Lorraine. The area of land built on doubled, for up to that point the city had been contained within the 15th century city walls. New districts were built to the north and north-east, as well as vast, prestigious public buildings, bidding to be regarded as representative, around the present place de la République (former Kaiserplatz), with a view of the Palais universitaire (university centre) via the avenue de la Liberté. The Emperor's Palace (Palais du Rhin), the library – whose resources are the richest in France after the BNF in Paris –, the seat of the provincial Diet (Landtag), now the TNS, and the Palais universitaire are among the most representative monuments of this period.

The quality of 20th century architecture is often less well-appreciated, but over the last twenty years a number of new public buildings, often linked to Strasbourg's European role, have drawn the attention of tourists: the Palais du Conseil de l'Europe (seat of the Council of Europe), Parlement européen (European Parliament), and the Cour européenne des Droits de l'Homme (European Court of Human Rights).

The photographs are divided into three categories.

First the past, symbolised by the cathedral and its spire (views of the whole building, exterior and interior details). Next comes the heritage of the ancient city, with in particular its Protestant churches of Saint-Thomas and Saint-Pierre-le-Jeune, the Covered Bridges, Petite France (Little France), the shopping streets in the centre and the quays on the Ill, but also the hôpital civil (civic hospital), still a major landowner, and the Krutenau, an old district prone to flooding, which was improved during the German period. The 18th century is represented by the Palais Rohan, which introduces the French architecture facing the cathedral, and by place Broglie with the Hôtel de Ville (town hall) and the Governor's palace.

A considerable amount of building went on during the German period (1871-1918) with important public buildings: the Palais du Rhin (Rhine palace), the churches of Saint-Paul (reformed) and Saint-Pierre-le-Jeune (Catholic), the lycée (high school) des Pontonniers, the railway station, palais de Justice (law courts), Théâtre National, municipal baths, statue of Goethe, Post Office and some very beautiful private houses.

The ESCA residence and Seegmuller pier are both representative of the inter-war period.

The second part is devoted to today's Strasbourg: panoramas, walks along the quays, events, markets, winstubs and especially the Christmas market. This section concludes with views of numerous locations including the Observatory, the Botanical Garden, the Faculties, the Esplanade, the Church of the Risen Christ (Eglise du Christ Ressuscité), the Rhine port, workers' gardens, the Halles (market) district, the Synagogue and the Orangerie.

The final part looks forward to the future with modern and often very recent constructions, such as the Hôtel du Département (administrative headquarters of the Départment), the Maison de la Région (regional centre), the Maison de la Musique (musical centre), the Musée d'Art Moderne et Contemporain (museum of modern and contemporary art), the film complex, the Avancée and the Palais des Congrès (conference and exhibition centre).

In conclusion, the future is also represented by the jardin des Deux Rives (two riverbanks' garden) with the Mimram footbridge across le Rhin.

This book brings together a very fine collection of images, taken with great skill by the photographer Christophe Hamm. It is sure to encourage more people to take a stroll through the very beautiful city of Strasbourg.

Bernard Vogler

Détail de la cathédrale en hiver.

Detailansicht des winterlichen Münsters.

Detail of the cathedral in winter.

La cathédrale

Das Münster

The cathedral

Symbole de Strasbourg, elle est devenue un mythe politique,
un enjeu du conflit franco-allemand.

Es ist Straflburgs Symbol, und es ist ein politischer Mythos geworden,
ein Zankapfel des deutsch-franz sischen Konflikts.

It is the symbol of Strasbourg and has become a political myth,
at stake in the Franco-German conflict.

La flèche de la cathédrale, avec au premier plan une toiture caractéristique du vieux Strasbourg : très pentue avec de multiples mansardes en forme de chien assis.

Die Turmspitze des Münsters, mit einem für das alte Straßburg typischen Dach im Vordergrund: sehr abschüssig und mit vielen Mansarden in Form eines sitzenden Hundes.

The cathedral spire. In the foreground is a roof characteristic of old Strasbourg: very steeply sloping with several attics indicated by dormer windows.

La cathédrale constitue le cœur et le symbole de la ville. Passée au culte luthérien au moment de la Réforme en 1529, elle a été rendue aux catholiques par Louis XIV en 1681. La place devant le parvis servait, avant 1789, de lieu de prestation de serment annuel pour les dirigeants de la cité, le deuxième mardi de janvier.

Das Münster ist das Herz und Symbol der Stadt. Während der Reformation, 1529, ging sie zum lutherischen Kult über, wurde aber 1681 von Ludwig XIV. den Katholiken zurückgegeben. Auf dem Kirchvorplatz wurde vor 1789 der jährliche Eid der Stadtverwalter geleistet, am zweiten Januar-Dienstag.

The cathedral is the heart and symbol of the city. Transferred to the Lutheran faith during the Reformation in 1529, it was handed back to the Catholics by Louis XIV in 1681. The square in front of the cathedral was used before 1789 as a place where the city's leaders took an annual oath on the second Tuesday in January.

Le Pilier des Anges et l'horloge astronomique.

Der Engelspfeiler und die astronomische uhr.

The Pillar of Angels and the astronomical clock.

Rosace, orgue et choeur de la cathédrale.

Die Chorhalle des Münsters.

Cathedral chancel.

Gargouille et sculpture de la cathédrale.

Cathedral gargoyle and sculpture.

Wasserspeier und Skulptur am Münster.

Façade centrale de la cathédrale avec sa célèbre rosace, très lumineuse de l'intérieur.

Mittelfassade des Münsters mit seiner berühmten Fensterrosette, die von innen sehr hell erscheint.

Central façade of the cathedral with its famous rose window, which fills the interior with its colourful radiance.

Vue verticale de la partie centrale de la façade de la cathédrale dont le portail fut érigé vers 1300.

Senkrechter Blick auf den Mittelteil der Münsterfassade, mit dem um 1300 erbauten Portal.

Vertical view of the central part of the cathedral façade, with the gate, erected around 1300.

Statue du Palais Rohan.

Eclairage nocturne du barrage Vauban.

Nächtliche Beleuchtung der Vaubansperre.

The Vauban dam, floodlit at night.

Le patrimoine du Moyen-Age au XVIIIème siècle

Das Kulturerbe vom Mittelalter bis zum 18. Jahrhundert

Heritage from the Middle Ages to the 18th century

Le Kammerzell est l'une des plus anciennes maisons de Strasbourg (1588). Elle fut construite pour un négociant fortuné qui fit réaliser sur ses façades, un riche programme iconographique. Avec ses salles recouvertes de peintures murales par le grand peintre Léo Schnug, vers 1910, elle est aujourd'hui l'un des restaurants les plus appréciés de la place.

Das Kammerzellhaus, eines der ältesten Häuser Straßburgs, erbaut von einem reichen Kaufmann, der seine Fassade reichhaltig verzieren ließ, ist heute eines der meistgeschätzten Restaurants der Stadt. Der große Maler Léo Schnug hat um 1910 seine Säle mit Wandmalereien verziert.

The Kammerzell, one of the oldest houses in Strasbourg (1588), was owned by a wealthy merchant who created a richly decorative scheme on its outer walls. Today, it is one of the most popular restaurants in the square. The rooms were covered with painted murals by the great painter Léo Schnug around 1910.

Sculpture en bois de la maison Kammerzell.

Holzskulptur am Kammerzellhaus.

Wooden sculpture at the maison Kammerzell (Kammerzell house).

Détail de la maison Kammerzell.

Detailansicht des Kammerzellhauses.

Detail of the Kammerzell house.

Une gargouille de la cathédrale avec en arrière plan la maison Kammerzell.

Ein Wasserspeier des Münsters, mit dem Kammerzellhaus im Hintergrund.

One of the cathedral's gargoyles, with the Kammerzell house in the background.

Place Kléber avec la façade de l'Aubette construite entre 1765 et 1778 dans un style classicisant.

Der Kléberplatz mit der Fassade der zwischen 1765 und 1778 in klassizistischem Stil erbauten Kleinen Metzig.

Place Kléber with the facade of the Aubette, built between 1765 and 1778 in a classical style.

Place Kléber.

Statues du palais de Rohan. Par souci de prestige et de représentation, le prince-évêque Armand Gaston de Rohan a attaché une grande importance à la décoration extérieure, en chargeant le sculpteur Robert Le Lorrain de créer un riche programme iconographique dont voici un échantillon.

Standbilder am Rohanpalast. Aus Prestige- und Darstellungsbewußtsein legte der Prinzbischof Armand Gaston de Rohan großen Wert auf äußeres Dekor, und beauftragte den Bildhauer Robert Le Lorrain damit, eine reiche Bilderwelt zu erschaffen, von der Sie hier ein Beispiel sehen.

Statues at the Palais des Rohan. Concerned about his prestige and image, the prince-bishop Armand Gaston de Rohan attached great importance to exterior decoration, instructing the sculptor Robert Le Lorrain to create a rich decorative scheme, of which this is a sample.

Vue depuis l'Ill, la magnifique façade du palais Rohan, réalisée entre 1730 et 1742 dans le style Régence, par le cardinal prince de Rohan, le palais du cardinal symbolise à la fois la puissance de l'Eglise romaine dans une ville protestante et la présence française à Strasbourg. Le palais, construit en face de la cathédrale, était destiné à affirmer un style novateur face à l'archaïsme du style gothique.

Ansicht, von der Ill aus, der prachtvollen Fassade des Rohanpalasts, die zwischen 1730 und 1742 im Régence-Stil vom Kardinalfürsten Rohan erbaut wurde. Der Kardinalspalast symbolisiert die Macht der katholischen Kirche in einer protestantischen Stadt und zugleich die französische Herrschaft in Straßburg. Der gegenüber dem Münster erbaute Palast sollte einen der archaischen Gotik entgegengesetzten neuen Stil herausstellen.

Seen from the Ill, the magnificent façade of the Palais des Rohan, created between 1730 and 1742 in the Regency style by the Cardinal Prince of Rohan. The cardinal's palace symbolises both the power of the Roman church in a protestant city and the French presence in Strasbourg. The palace, built opposite the cathedral, was designed to affirm an innovative style in the face of the archaism of the gothic style.

Très belles façades avec un oriel de la rue des Juifs. Cette rue très commerçante au centre de la ville ancienne est située dans l'axe du camp militaire antique et dans le prolongement de la rue des Hallebardes.

Sehr schöne Erkerfassaden in der Judengasse, einer sehr geschäftigen Altstadtstraße, in der Mitte des antiken Armeelagers gelegen und Verlängerung der Spießgasse.

Very fine façades with an oriel window in the rue des Juifs, a busy shopping street in the centre of the old city, directly in line with the ancient military camp, and a continuation of the rue des Hallebardes.

Début de la rue des Juifs, une des artères commerçantes du centre historique. Cette rue est ainsi dénommée car c'est là que se trouvait le quartier juif avant les expulsions qui ont suivi la grande peste, en 1349 et 1380. Des bains rituels ont été retrouvés sous l'ancienne maison d'édition Istra.

Der Anfang der Judengasse, einer der Geschäftsstraßen des historischen Stadtzentrums. Diese Straße hat ihren Namen von dem jüdischen Viertel, das hier vor den Vertreibungen von 1349 und 1380, nach der großen Pest, lag. Unter dem früheren Verlagshaus Istra sind Ritualbäder entdeckt worden.

Beginning of the rue des Juifs, one of the shopping streets in the historic centre. This street is so named because it is where the Jewish quarter stood before the expulsions that followed the great plague, in 1349 and 1380. Ritual baths have been found underneath the premises of the former publishing firm, Istra.

Vue pittoresque dans le quartier de la cathédrale : les rues du centre ville ont souvent une connotation amusante ou bizarre, car ce sont les traductions françaises imposées par les représentants en mission Saint-Just et Lebas en 1793, et des noms de famille ou de personnalité ont été traduits.

Malerische Ansicht im Münsterviertel : die Straßennamen des Stadtzentrums erscheinen oft vergnüglich oder kurios, denn es wurden 1793, durch die Beauftragten Saint-Just und Lebas, Übersetzungen deutscher Eigennamen durchgesetzt.

Picturesque view in the cathedral quarter : the streets of the city centre often have an amusing or bizarre connotation, as their names are French translations imposed by representatives on the Saint-Just and Lebas mission in 1793, and the names of families or personalities were translated.

Vue pittoresque des façades du quai des Bateliers,
un des plus beaux de la ville.

Malerische Ansicht der Fassaden des Schifferstaden,
einer der schönsten Staden der Stadt.

Picturesque view of facades on the Quai des Bateliers,
one of the most beautiful in the city.

Rue des Soeurs vue de la passerelle de l'Abreuvoir.
Cette rue étroite et pittoresque du Vieux Strasbourg se situe dans le quartier de la cathédrale.

Die Schwesterngasse, eine enge und malerische Straße des alten Straßburg im Münsterviertel, vom Tranksteg aus gesehen.

Rue des Soeurs, a narrow and picturesque street in the cathedral district of Old Strasbourg, seen from the Abreuvoir footbridge.

La rue des Frères, à proximité immédiate de la cathédrale, est une rue très commerçante, avec de belles enseignes vantant les produits régionaux, comme ici la poterie d'Alsace. Les centres de production de cette poterie artisanale sont à Betschdorf et Soufflenheim.

Die Brüdergasse, gleich neben dem Münster, ist eine sehr geschäftige Straße, mit schönen Aushängeschildern, die regionale Produkte anpreisen, wie hier elsässische Töpferware. Die hauptsächlichen Herstellungsorte dieser Töpferwaren sind Betschdorf und Sufflenheim.

The rue des Frères, right next to the cathedral, is a very busy shopping street with beautiful signs advertising regional products, like the one here advertising Alsatian pottery. The centres of production for this craft pottery are at Betschdorf and Soufflenheim.

Enseigne du restaurant « Le Crocodile », rue de l'Outre.

« Le Crocodile » schild, der Restaurants rue de l'Outre.

Sign for the « The Crocodile » restaurant, rue de l'Outre.

Façade peinte selon l'usage des anciennes maisons bourgeoises du XVIème siècle.
Ici celle de la pâtisserie Christian, située place du Temple-Neuf, à l'angle de la rue de l'Outre.

Eine nach den Bräuchen der alten Bürgerhäuser des 16. Jahrhunderts bemalte Fassade,
hier die der Konditorei Christian, am Neutempelplatz Ecke Schlauchgasse.

Façade painted after the manner of old bourgeois houses of the 16th century. This one belongs to the Pâtisserie Christian, which stands in the place du Temple-Neuf, at the corner of the rue de l'Outre.

La façade de l'hôtel du préfet, vue depuis l'Ill, séduit par son décor sculpté et ses ferronneries. Cet édifice a été réalisé par l'architecte Jean-Pierre Pflug, aux frais de la Ville, entre 1732 et 1736. Revendu à celle-ci par un préteur royal prévaricateur, François-Joseph de Klinglin, il est la Résidence du préfet depuis 1800. Il fut cependant, entre 1871 et 1918, la Résidence du Statthalter d'Alsace-Lorraine, durant l'époque allemande.

Fassade des Amtssitzes des Präfekten, von der Ill aus gesehen. Sie gefällt durch ihr behauenes Dekor und ihre Schmiedearbeiten. Das Gebäude ist von Jean-Pierre Pflug zwischen 1732 und 1736 auf Kosten der Stadt erbaut worden, und danach durch einen pflichtvergessenen königlichen Statthalter, François-Joseph de Klinglin, an die Stadt zurückverkauft worden. Sitz des Präfekten von 1800 bis 1870 und seit 1919. Sitz des Reichsstatthalters für Elsass-Lothringen unter der deutschen Herrschaft (1871-1918).

Front of the Prefect's residence from the Ill. The building was constructed at the City's expense between 1732 and 1736, then sold back to it by a corrupt royal praetor, François-Joseph de Klinglin. Prefect's residence from 1800 to 1870 and since 1919. Residence of the Statthalter of Alsace-Lorraine during the German period (1871-1918).

L'église Saint Thomas.

Die Thomaskirche.

The church of Saint Thomas.

Sculpture funéraire du tombeau du Maréchal Maurice de Saxe, réalisée par Jean-Baptiste Pigalle et inaugurée en 1777 dans le chœur de l'église Saint-Thomas. Maurice de Saxe (1696-1750) a été un général protestant de Louis XV. Il a remporté en 1745 la bataille de Fontenoy, célèbre par « Messieurs les Anglais, tirez les premiers ! ».

Grabskulptur des Moritz von Sachsen, erschaffen von Jean-Baptiste Pigalle und 1777 in der Chorhalle der Thomaskirche eingeweiht. Moritz von Sachsen (1696-1750) war ein protestantischer General unter Ludwig XV. Berühmt für seinen Ausspruch « Die Herren Engländer, schießen sie zuerst! », gewann er 1745 die Schlacht von Fontenoy.

Funerary carving on the tomb of Marshal Maurice de Saxe, created by Jean-Baptiste Pigalle and unveiled in 1777 in the chancel of Saint Thomas' church. Maurice de Saxe (1696-1750) was a protestant general in the service of Louis XV. In 1745 he won the battle of Fontenoy, famous for the words "Messieurs les Anglais, tirez les premiers!" ("English gentlemen, pray fire first!").

L'orgue Silbermann de l'église Saint-Thomas demeure un des seuls en Alsace à être resté authentique. Il a longtemps été illustré par le talent d'organiste d'Albert Schweitzer.

Die Silbermann-Orgel der Thomaskirche ist eine der wenigen des Elsass, die sich noch im Originalzustand befinden. Sie ist lange, und mit viel Begabung, von Albert Schweitzer gespielt worden.

The Silbermann organ in the church of Saint-Thomas is one of the few in Alsace to have remained authentic. It has long been famous through Albert Schweitzer's talent as an organist.

La statue de Gutenberg. Pour commémorer le quatrième centenaire de l'invention de l'imprimerie par Gutenberg, la Ville de Strasbourg décide l'érection d'une statue, réalisée en bronze, par le sculpteur David d'Angers. Les cérémonies d'inauguration qui attirent des représentants du monde du livre de toute l'Europe s'étendent sur trois jours (24-26 juin 1840). Le public est surtout frappé par le « Cortège industriel », une reconstitution des anciennes corporations d'avant 1789. Le piédestal comprend quatre bas-reliefs, chacun étant consacré à l'un des quatre continents alors connus. La reconnaissance de Gutenberg à Strasbourg a été tardive car, jusqu'au XVIIIème siècle, on pensait que l'inventeur de l'imprimerie était Mentelin, qui avait publié à Strasbourg la première Bible en langue alémanique vers 1460. En effet, Gutenberg, noble de Mayence, n'a jamais pu installer d'atelier dans la ville, mais seulement dans la banlieue strasbougeoise (1438-1447), et fit faillite rapidement. En outre, il ne signa jamais ses publications, rendant leurs identifications difficiles. C'est un inventaire judiciaire qui permis de savoir notamment que sa première presse avait des caractères en bois.

Das Gutenberg-Standbild. Um den vierhundertsten Jahrestag der Erfindung der Buchdruckerei durch Gutenberg zu begehen, beschließt die Stadt Straßburg die Errichtung eines Standbilds durch den Bildhauer David d'Angers. Die Einweihungsfeierlichkeiten ziehen Vertreter der Bücherwelt aus ganz Europa an (24.-26. Juni 1840). Das Publikum ist besonders beeindruckt von dem « Industrieumzug », einer Darstellung der alten Zünfte von vor 1789. Das Standbild ist aus Bronze, so wie der Sockel mitsamt seinen vier Flachreliefs, die die damals bekannten vier Kontinente zeigen. Gutenberg ist bärtig dargestellt, ein Buch in der Hand. Die Anerkennung Gutenbergs hat in Straßburg erst spät eingesetzt: Im 18. Jahrhundert glaubte man noch, der Erfinder der Buchdruckerei sei Mentelin, der um 1460 in Straßburg die erste alemannischsprachige Bibel veröffentlichte. Gutenberg hat in der Tat nie eine Werkstatt in Straßburg selbst einrichten können, sondern nur in einem Vorort (1438-1447), denn er war kein Straßburger Stadtbürger, sondern Mainzer Adliger, und er hat Konkurs gemacht. Zudem hat Gutenberg seine Veröffentlichungen nie signiert, was ihre Identifizierung erschwert. Die Gerichtsinventur hat gezeigt, daß seine erste Druckerpresse Holzbuchstaben besaß.

The statue of Gutenberg. To commemorate the four hundredth anniversary of the invention of printing by Gutenberg, the City of Strasbourg decided to erect a statue, sculpted by David d'Angers. The unveiling ceremonies, which attracted representatives of the book world from all over Europe, extended over three days (24-26 June 1840). The public were especially struck by the "Cortège industriel" (industrial procession), a reconstruction of the old pre-1789 guilds. The statue is made of bronze, as is the pedestal, which comprises four bas-reliefs, each devoted to one of the four continents that were then known. Gutenberg is shown bearded, with a book in his hands. Strasbourg's recognition of Gutenberg was somewhat tardy: in the 18th century, people still thought that the inventor of printing was Mentelin, who published the first Bible in the Alemanic language in Strasbourg, around 1460. Indeed Gutenberg was never able to set up a workshop in Strasbourg itself, but only in the outskirts (1438-1447), for he was not a bourgeois from Strasbourg, but a noble from Mayence, and his business failed. In addition, Gutenberg never signed his publications, which makes their identification difficult. The judicial inventory has enabled us to establish that his first press used characters made from wood.

Statue de Jean-Baptiste Kléber (1753-1800). Né à Strasbourg, il fut très jeune promu général par la Révolution, après avoir été formé par une école d'officiers autrichienne. Il défendit Mayence assiégée, combattit l'insurrection vendéenne, puis participa aux combats sur le Rhin et accompagna Bonaparte en Egypte, où il fut assassiné après le départ de ce dernier. Cette statue, réalisée par le Strasbourgeois Philippe Grass, a été inaugurée le 14 juin 1840.

Standbild des Jean-Baptiste Kléber (1753-1800). Dieser in Straßburg geborene General wurde, nach seiner Ausbildung in einer österreichischen Offiziersschule, sehr schnell von der Revolution befördert. Er verteidigte das belagerte Mainz, bekämpfte den Vendée-Aufstand, nahm danach an den Rheinkämpfen teil, und begleitete Bonaparte nach Ägypten, wo er nach dessen Abzug ermordet wurde. Das von dem Straßburger Philippe Grass erschaffene Standbild wurde am 14. Juni 1840 eingeweiht.

Statue of Jean-Baptiste Kléber (1753-1800). Born in Strasbourg, this general was promoted as a very young man during the Revolution, after being trained by a school of Austrian officers. He defended Mayence when it was under siege, fought against the insurrection in the Vendée, then took part in the fighting on the Rhine and accompanied Bonaparte to Egypt, where he was assassinated after Bonaparte's departure. The statue was created by Strasbourg artist Philippe Grass and was unveiled on 14 juin 1840.

La statue du général Leclerc place Broglie, en avant de la façade de l'Opéra, avec un grand obélisque édifié en 1951. L'essentiel de l'œuvre a été financé par une souscription.

Das Standbild des Generals Leclerc auf dem Broglieplatz, vor der Fassade der Oper, mit einem großen, 1951 errichteten, Obelisken. Dieses Werk wurde hauptsächlich durch eine öffentliche Zeichnung finanziert.

The statue of General Leclerc in place Broglie, in front of the Opera House, with a large obelisk erected in 1951. The majority of the work was financed by subscription.

Très belle vue sur l'Opéra. Il offre un programme annuel de grande qualité, dans le cadre de l'Opéra du Rhin qui associe les trois grandes villes d'Alsace, Mulhouse, Colmar et Strasbourg.

Sehr schöner Blick auf die Oper. Sie bietet einen Spielplan von guter Qualität, zusammengefaßt in der Rheinoper, die die drei großen elsässischen Städte, Mülhausen, Colmar und Straßburg, verbindet.

View of the Opera House. It presents a high quality programme each year, within the framework of the Opéra du Rhin (Rhine Opera), which brings together the three great towns of Alsace: Mulhouse, Colmar and Strasbourg.

Une vue originale nocturne sur l'Opéra prise depuis l'Ill et qui valorise la rotonde ajoutée à l'époque allemande après 1870.

Ein origineller nächtlicher Blick von der Ill aus auf das Opernhaus, der den zur Zeit der deutschen Herrschaft, nach 1870, angefügten Rundbau hervorhebt.

An original night-time view of the Opera House taken from the Ill. It highlights the rotunda added during the German era after 1870.

Façade de l'opéra, place Broglie, construit en 1821 dans un style néo-classique, orné d'un péristyle à six colonnes ioniques, surmonté de six muses sculptées par Landolin Ohmacht.
Au premier plan, le monument consacré à Leclerc en 1951, est une œuvre du sculpteur Georges Saupique. La place a gardé ses deux rangées d'arbres favorables à la promenade.

Fassade der Oper am Broglieplatz, die 1821 in neuklassizistischem Stil erbaut wurde und mit einer Halle aus sechs ionischen Säulen verziert ist, überbaut mit sechs von Landolin Ohmacht gestalteten Musen.
Im Vordergund das Leclerc-Denkmal, 1951 vom Bildhauer Georges Saupique erschaffen. Der Platz hat seine zwei Baumreihen bewahrt, die zum Spaziergang einladen.

Façade of the Opera House in place Broglie, built in 1821 in a neo-classical style, and ornamented with a peristyle with six ionic columns, topped by six muses sculpted by Landolin Ohmacht.
In the foreground is the monument dedicated to Leclerc in 1951, the work of the sculptor Georges Saupique. The square has retained the two rows of trees that make it an idea place for walking.

Vue nocturne de la rue des Tonneliers, en plein centre du vieux Strasbourg. A noter au premier plan une représentation d'un tonnelier au travail. Les Tonneliers étaient une des vingt corporations du Strasbourg d'avant la Révolution et l'admission y était très contrôlée.

Nächtliche Ansicht der Faßbindergasse mitten im alten Straßburg. Im Vordergrund die Darstellung eines Faßbinders bei der Arbeit. Die Faßbinder waren eine der zwanzig Straßburger Zünfte vor der Revolution, und die Aufnahme in sie wurde streng überwacht.

Night-time view of the rue des Tonneliers (coopers' street), right in the middle of Old Strasbourg. Notice the depiction of a cooper at work in the foreground. Coopers were one of the twenty guilds of pre-Revolutionary Strasbourg, and admission to them was extremely restricted.

La rue des Francs-Bourgeois.

Die Freibürgerstaße.

Enjambant les petits bras de l'Ill, les Pont Couverts, actuellement au nombre de trois, un quatrième ayant été démoli, ont été construits au XIIIème siècle et ont été intégrés dans le système défensif de la ville jusqu'en 1870.

Die gedeckten Brücken, die nach dem Abbruch einer vierten heute zu dritt sind, sind im 13. Jahrhundert erbaut worden und waren bis 1870 Teil des Verteidigungssystems der Stadt. Sie überqueren kleine Arme der Ill und sind malerisch anzusehen.

Les Ponts Couverts (covered bridges), of which there are currently three as a fourth was demolished, were constructed in the 13th century and integrated into the city's defensive system until 1870.They span the small branches of the Ill.

Vue sur le barrage Vauban, réalisé à la fin du XVIIème siècle sur l'ordre de Louis XIV et destiné à protéger la ville de toute attaque par voie d'eau. Il a été aménagé en 1967 en Terrasse Panoramique. Ses souterrains contiennent des pièces de musée de second choix, principalement des sculptures.

Blick auf die Vaubansperre, die Ende des 17. Jahrhunderts auf Befehl Ludwigs XIV. erbaut wurde um die Stadt vor Angriffen vom Wasser aus zu schützen. Sie wurde 1967 zu einer Aussichtsplattform ausgebaut. Ihre Verliese enthalten Museumsstücke zweiter Wahl, hauptsächlich Skulpturen.

View of the Vauban dam, constructed at the end of the 17th century on the orders of Louis XIV and designed to protect the city from any attack by water. In 1967 it was redeveloped to become a panoramic terrace. Its cellars contain second-choice museum pieces, principally sculptures.

Bâtiment de l'Ecole Nationale d'Administration.

Gebäude der Nationalen Verwaltungshochschule ENA .

The Ecole Nationale d'Administration.

Vue du centre de la façade de l'ENA depuis la porte d'entrée sur la cour. L'Ecole Nationale d'Administration a été installée en 1993 à Strasbourg, dans l'ancienne commanderie Saint-Jean, devenue prison Sainte-Marguerite. Au début le site d'études restait partagé entre Strasbourg et Paris, mais depuis 2004, toute l'Ecole a été transférée à Strasbourg, dans le cadre de la politique de décentralisation.

Ansicht der Fassadenmitte der ENA, von der hofseitigen Eingangstür aus. Die Ecole Nationale d'Administration wurde 1993 im einstigen Johanniskloster eingerichtet, das später das Margeritengefängnis wurde. Anfangs war der Hochschulsitz noch geteilt zwischen Paris und Straßburg, aber seit 2004 ist die ganze Hochschule im Rahmen der Dezentralisierungspolitik nach Straßburg verlegt worden.

View of the centre-front of the ENA, looking from the entrance towards the courtyard. The Ecole Nationale d'Administration (national college for training senior civil servants) was established in Strasbourg in 1993, in the former residence of the commander of the order of St John, which had become the Sainte-Marguerite prison. At first the study campus remained divided between Strasbourg and Paris, but in 2004 the entire School was transferred to Strasbourg, in line with the policy of decentralisation.

Un bel ensemble de façades à colombages.

Schöner Fachwerkfassadenkomplex.

A fine collection of half-timbered facades.

La Petite France en hiver. C'est un des vieux quartiers les plus pittoresques et les plus visités de Strasbourg. Son nom provient de l'hospice des syphilitiques, atteints d'une maladie attribuée aux Français.

Die Petite France im Winter. Sie ist eines der malerischsten und meistbesuchten alten Viertel Straßburgs. Sein Name stammt von einem Syphilishospiz, diese Krankheit wurde den Franzosen angelastet.

Petite France in winter. This is one of the most picturesque of the old districts and among the areas of Strasbourg most frequently visited. Its name derives from the hospital for syphilis patients, suffering from an illness that was attributed to the French.

Vue pittoresque sur les maisons situées au bord de l'Ill, dans la Petite France.

Malerischer Blick auf an der Ill gelegene Häuser, in der Petite France.

Picturesque view of houses standing besice the Ill, in Petite France.

Vues végétales sur la Petite France.

La Petite France.

Le quai Finkwiller de nuit, qui se reflète dans l'Ill.

Der nächtliche Finkwillerstaden spiegelt sich in der Ill.

Quai Finkwiller by night, reflected in the Ill.

Belle échappée sur le clocher de l'église luthérienne Saint-Pierre-le-Jeune, de style gothique et propriété du chapitre éponyme avant le passage à la Réforme protestante (1524).

Ein schöner Durchblick auf den Kirchturm der lutherischen Jung-St.-Peter-Kirche, die in gotischem Stil gebaut ist, und vor ihrem Wechsel zur Reformation (1524) dem gleichnamigen Kapitel gehörte.

Sunlight illuminates the bell tower of the Lutheran church of Saint-Pierre-le-Jeune, built in the Gothic style and owned by the chapter of the same name before the Protestant Reformation (1524).

Le jubé (un des rares conservés en Alsace) et le chœur gothique de l'église protestante Saint-Pierre-le-Jeune, dont l'intérieur est l'un des plus beaux d'Alsace.

Der Lettner (einer der wenigen im Elsass erhaltenen) und der gotische Chorraum von Protestantisch-Jung-St.-Peter, einer der schönsten Kirchen des Elsass, was ihren Innenraum betrifft.

The rood screen (one of the few preserved in Alsace) and the gothic choir of the protestant church of Saint-Pierre-le-Jeune, which has one of the most beautiful church interiors in Alsace.

Cave des Hospices Civils. L'Hôpital Civil, qui reste un producteur de vins de qualité, a conservé de remarquables caves voûtées contenant d'anciens fûts en chêne.

Keller des Bürgerspitals. Das Bürgerspital stellt immer noch Qualitätsweine her, und hat sich bemerkenswerte Keller mit alten Eichenfässern erhalten.

Cellar of the Hospices Civils. The Hôpital Civil (civic hospital), which is still a producer of quality wines, has preserved some remarkable vaulted cellars containing old oak casks.

La tour de l'hôpital, située à l'entrée des Hospices civils, date de la fondation de ceux-ci, à la fin XIVème siècle.
Elle faisait partie des anciennes fortifications de la puissante Ville libre de Strasbourg.

Der Spitalsturm, eingangs des Bürgerspitals gelegen, stammt aus der Gründerzeit des Spitals gegen Ende des 14. Jahrhunderts.
Er gehörte zu den alten Festungsanlagen der mächtigen Freistadt Straßburg.

The tower of the hospital, located at the entrance to the Hospices Civils, dates from their foundation at the end of the 14th century.
It was part of the ancient fortifications of the powerful Free City of Strasbourg.

Place de Zurich et façade
du restaurant du Renard Prêchant.

Enseigne du Musée alsacien
fondé en 1902.

Schild des 1902
gegründeten elsässischen Museums.

Sign for the Alsace Museum,
founded in 1902.

Rue du Vieil Hôpital.

Jardin de l'Œuvre de Notre-Dame.

L'étroite rue Sainte-Madeleine, dans le quartier populaire ancien de la Krutenau. Elle était autrefois fréquemment victime d'inondations, jusqu'au drainage des années 1880.

Die Magdalenengasse, eine enge, hier von Schnee bedeckte, Straße in dem alten volkstümlichen Viertel namens Krutenau, das früher oft überschwemmt wurde, bis zu Trockenlegung in den 1880er Jahren.

The rue Sainte-Madeleine, a narrow street, here covered in snow, in the old working class district of Krutenau, which was subject to very frequent flooding until drainage was carried out in the 1880s.

Château de Pourtales.

Le parc de l'Orangerie et son lac, une ancienne gravière aménagée avec un jet d'eau l'été. L'Orangerie est le lieu de promenade favori des Strasbourgeois, son nom provenant du transfert de 138 orangers du château de Bouxwiller sur ce site en 1804. Ses serres accueillent aujourd'hui beaucoup d'autres essences.

Der Orangeriepark bei Nacht, mit seinem See, der früher eine Kiesgrube war, und einem Springbrunnen im Sommer. Felsen überragen den See. Die Orangerie ist der Straßburger liebste Promenade. Der Name Orangerie stammt von der Umpflanzung von 138 Orangenbäumen des Buxwiller Schlosses hierher im Jahr 1804. Die Gewächshäuser der Orangerie beherbergen heute viel mehr Pflanzenarten.

The Orangerie (Orangery) park at night with its lake, which was developed from a former gravel pit and boasts a fountain in the summer. Rocks overhang the lake. The Orangerie is the favourite place for Strasbourg residents to come and walk. The name Orangerie derives from the transfer of 138 orange trees from the château de Bouxwiller to this site in 1804. Nowadays, the Orangerie's glass houses contain many other species besides orange trees.

La ville allemande d'après 1871

Die deutsche Stadt nach 1871

The German city in the years after 1871

Toiture et sculpture
rue du Maréchal Foch.

Dach und Skulptur
in der rue du Maréchal Foch.

Roofs and sculpture
in the rue du Maréchal Foch.

Vue en hauteur sur la partie centrale de la façade du palais du Rhin, construit comme résidence de l'empereur Guillaume II qui l'a qualifiée « d'armoire à éléphants ». Il a été construit par l'architecte Hermann Eggert entre 1883 et 1888.

Sicht auf den mittleren Teil der Fassade des für Kaiser Wilhelm II. gebauten Rheinpalastes, der ihn als «Elefantenschrank» bezeichnete. Erbaut zwischen 1883 und 1888 von Hermann Eggert.

View looking up at the central portion of the façade of the Palais du Rhin (Rhine Palace), built as a residence for Emperor Guillaume (William) II, who dubbed it "a wardrobe for elephants".

Belle photo nocturne de la coupole du Palais du Rhin, ancien Kaiserpalast construit pour Guillaume II.

Schönes Nachtfoto der Kuppel des Rheinpalasts, des für Wilhelm II. erbauten früheren Kaiserpalasts.

Beautiful night photograph of the dome of the Palais du Rhin, the former Kaiserpalast (emperor's palace) built for Guillaume (William) II.

Place de la République : éclairage du fronton du Palais du Rhin avec au premier plan, au centre de la place, le monument aux morts de Drivier (1936), de forte signification en Alsace : la mère (Strasbourg) tient ses deux fils mourants sur ses genoux, l'un tourné vers la France, l'autre vers l'Allemagne. Tous deux sont nus, car il était impossible de les représenter sous les deux uniformes.

Republikplatz: Beleuchtung des Giebels des Rheinpalasts mit dem von Drivier erbauten Kriegerdenkmal (1936), das im Elsass eine besondere Bedeutung hat: Die Mutter (Straßburg) hält ihre beiden sterbenden Söhne auf ihren Knien, einer ist nach Frankreich gewandt, der andere nach Deutschland. Beide sind nackt, denn es war unmöglich, sie in ihren jeweiligen Uniformen darzustellen.

Place de la République: the floodlit facade of the Palais du Rhin. In the foreground, at the centre of the square, stands Drivier's memorial to the dead (1936), which holds great significance in Alsace: the mother (Strasbourg) holds her two dying sons on her knees, one turning towards France, the other towards Germany. Both are naked, as it was impossible to depict them wearing the two uniforms.

Le palais de justice illuminé, avec une façade de style néo-grec et l'église catholique Saint-Pierre-le-Jeune, édifiée entre 1888 et 1893 en grès rose avec une imposante coupole et une belle façade néo-romane.

Der erleuchtete Justizpalast, mit neugriechsicher Fassade, und Katholisch-Jung-St.-Peter, einer Kirche, die zwischen 1888 und 1893 in rosa Sandstein, mit einer beeindruckenden Kuppel und einer schönen neuromanischen Fassade erbaut wurde.

The Palais de Justice (law courts) floodlit, with a façade in the neo-Grecian style and the Catholic church of Saint-Pierre-le-Jeune, built between 1888 and 1893 in pink sandstone, with an imposing dome and a fine neo-Roman façade.

La Trésorerie générale.

Coupole de l'église catholique Saint-Pierre-le-Jeune, construite en 1891.

Die 1891 erbaute Kuppel von Katholisch-Jung-St.-Peter.

Dome of the Catholic church of Saint-Pierre-le-Jeune, built in 1891.

Le toit du TNS. Ce bâtiment édifié entre 1888 et 1892, pour le Landtag (Diète) du Reichsland, devint en 1919, le Conservatoire de Musique actuel, avant de devenir le siège du Théâtre National de Strasbourg.

Das Dach des TNS, eines zwischen1888 und 1892 für den Landtag des Reichslands Elsass erbauten Gebäudes, das 1919 zur Musikhochschule wurde und heute Sitz des Straßburger Nationaltheaters ist.

The roof of the TNS, a building constructed between 1888 and 1892 for the Reichsland Landtag (Diet), which in 1919 became the present-day Conservatoire de Musique before becoming home to the Théâtre National de Strasbourg.

Façade de l'Ecole Municipale des Arts Décoratifs, réalisée en 1892 par l'architecte Ott.
Le beau décor en céramique a été réalisé par les élèves.

Teil der Fassade der Städtischen Kunstgewerbeschule, erbaut 1892 von Ott. Schönes von den Kunstgewerbeschülern erschaffenes Keramikdekor.

Part of the facade of the Ecole Municipale des Arts Décoratifs (Municipal School of Decorative Arts) designed and constructed in 1892 by the architect Ott. The fine ceramic decoration was done by the students.

Sommet de la façade du Lycée professionnel Charles Frey, situé sur le quai éponyme.

Gipfel der Fassade des Schulgebäudes am Quai Charles Frey, mit einer Wanduhr.

Upper part of the façade of the school on Quai Charles Frey, with a clock.

Une des statues du pont Kennedy, près de la place Brant, avec à l'arrière-plan les deux clochers de l'église Saint-Paul.

Eines der beleuchteten Standbilder der Kennedybrücke nahe des Brantplatzes, mit den zwei Türmen der Paulskirche im Hintergrund.

One of the statues on the Pont Kennedy (Kennedy Bridge) close to place Brant, floodlit. In the background are the two bell towers of the church of St Paul.

Au 10 rue Rapp, une façade Jugendstil, dite égyptienne en raison de son décor composé de fleurs de lotus et de personnages antiques. Elle fut édifiée en 1905 au par l'architecte Scheyder.

Eine wegen einer Malerei in ägyptischem Stil mit Lotosblüten und antiken Personen sogenannte ägyptische Fassade, 1905 im Jugendstil in der Rappstraße Nr. 10 von Scheyder erbaut.

A façade known as "Egyptian" because of a painting with an Egyptian theme of lotus flowers and ancient figures. Built in 1905 at no10, rue Rapp by the architect Scheyder, in the Jugendstil.

L'ancienne villa Knopf rue Schiller, construite en 1904-1905 par les architectes Berninger et Krafft. C'est un chef-d'œuvre du Jugendstil, style dans lequel ont été édifiés entre 1900 et 1914 une partie des magnifiques villas du quartier de l'Orangerie. A noter les toits arrondis, le cintre surbaissé du portail d'entrée et la grille en fer forgé.

Die frühere Villa Knopf in der Schillerstraße, erbaut 1904-1905 von Berninger und Krafft. Sie ist ein Meisterwerk des Jugendstils, eines Stils, in dem zwischen 1900 und 1914 Teile der prächtigen Villen des Orangerieviertels erbaut worden sind. Bemerkenswert sind die rundlichen Dächer, der geduckte Torbogen des Portals und das schmiedeeiserne Gitter.

The former Villa Knopf on rue Schiller, built in 1904-1905 by the architects Berninger and Krafft. It is a masterpiece of Jugendstil, the style in which some of the magnificent villas of the Orangerie district were built between 1900 and 1914. Features to note include the rounded roofs, the lowered arch of the entrance gate and the wrought iron grille.

Statues et colonnades, rue Saint-Léon.

Beaux immeubles sur le quai Rouget de Lisle.

Schöne Gebäude am Quai Rouget de Lisle.

House boats at the Rouget de Lisle quay.

Maison éclectique de la rue Oberlin avec une Alsacienne, datant des années 1900.

Ein aus der Zeit um 1900 stammendes eklektisches Haus in der Oberlinstraße, mit einer Elsässerin.

Eclectic house in the rue Oberlin with an Alsatian woman, dating from the 1900s.

Détail d'un immeuble de la rue Goethe qui longe l'université.

Detailansicht eines Hauses in der Goethestraße, entlang der Universität gelegen.

Detail of an apartment building in the rue Goethe alongside the university.

Villa du 56, allée de la Robertsau.

Die Villa Robertsauallee Nr. 56.

Villa at 56, allée de la Robertsau.

Rue de l'Université.

Détail d'un immeuble allée de la Robertsau.

Vue nocturne de l'église protestante réformée Saint-Paul qui miroite dans les eaux de l'Ill. Elle a été construite en 1897 pour les protestants de la garnison allemande comme une réplique de l'église gothique Sainte-Elisabeth de Marburg.

Nachtansicht der reformierten Paulskirche, die sich im Wasser der Ill spiegelt. Sie wurde 1897 für die Protestanten der deutschen Garnison erbaut, als Replik der gotischen Marburger Elisabethkirche.

Night-time view of the reformed protestant church of Saint Paul, reflected in the waters of the Ill. It was built in 1897 for the Protestants of the German garrison, as a replica of the gothic church of Saint Elisabeth in Marburg.

Clin d'œil sur le Lycée International des Pontonniers (1903-1904) qui comporte plusieurs bâtiments à clochetons où se mêle le gothique finissant et la Renaissance.

Blick auf das internationale Pontonniers-Gymnasium (1903-1904), bei dem sich auf mehreren Gebäuden Glockentürmchen finden, die ausgehende Gotik und Renaissance vermischen.

A nod in the direction of the Lycée International des Pontonniers (1903-1904) which comprises several buildings with pinnacles, mixing late Gothic and Renaissance styles.

La place et la façade de la gare. Large de 130 mètres, elle fut construite, à l'époque allemande, par l'architecte Jacobstahl entre 1878 à 1883. La première gare de Strasbourg avait été édifiée à Koenigshoffen pour la ligne Strasbourg-Bâle en 1841, les chemins de fer n'ayant pas obtenu l'autorisation de traverser les remparts de Strasbourg. Par la suite, elle avait été transférée sur l'actuelle place des Halles en 1852 à l'occasion de la construction de la ligne Paris-Strasbourg.

Der Bahnhofsvorplatz und die Fassade des Bahnhofs, 130 Meter breit, erbaut von Jacobstahl zwischen 1878 und 1883, zur Zeit der deutschen Herrschaft. Der erste Straßburger Bahnhof wurde 1841 in Koenigshoffen für die Linie Straßburg-Basel erbaut, denn es war der Eisenbahn noch nicht erlaubt, die Straßburger Festungsanlagen zu durchqueren, und wurde 1852 zum Hallenplatz verlegt, bei Gelegenheit des Baus der Linie Paris-Straßburg.

The place de la Gare and railway station frontage, 130 m wide, built by the architect Jacobstahl between 1878 and 1883, during the German period. The first station in Strasbourg was built at Koenigshoffen for the Strasbourg-Basle line in 1841, as trains had not yet been authorised to pass through Strasbourg's city walls, then it was transferred to the present-day place des Halles in 1852 when the Paris-Strasbourg line was constructed.

La « Galerie à l'en verre », réalisée en sous-sol vers 1994, pour servir d'accès à la nouvelle station de tram.

Der « Galerie à L'En-Verre », die 1994 unterirdisch gebaut wurde, um als Zugang zur neuen Straßenbahnhaltestelle zu dienen.

The « Galerie à L'En verre » created in the basement around 1994, to provide access to the new tram station.

Bains municipaux du boulevard de la Victoire. Des bâtiments imposants de style néo-baroque réalisés par Fritz Beblo de 1904 à 1911 dans un souci d'esthétique propice à l'art et à la santé.

Das Stadtbad am Siegesboulevard. Imposante Gebäude in neubarockem Stil, erbaut von 1904 bis 1911 von Fritz Beblo in der Absicht, Kunst und Gesundheit ästhetisch hervorzuheben.

Municipal baths on the boulevard de la Victoire. Imposing buildings in a neo-Baroque style, built by Fritz Beblo between 1904 and 1911, in an effort to create an aesthetic favourable to art and good health.

Petite Piscine

Le Palais universitaire, avenue de la Liberté.

Le monument de Gœthe, dû au sculpteur Waegener et inauguré en 1904, est situé au nord-ouest de la place de l'Université. Construit en forme de petit théâtre grec, sur un fond d'arbres, il porte en son centre la statue en bronze de Gœthe, représenté sous les traits du jeune étudiant qu'il était lors de son séjour à Strasbourg en 1770-1771. De part et d'autre, les statues des muses de l'Art dramatique et de l'Art lyrique.

Das von Waegener erschaffene und 1904 eingeweihte Gœthe-Denkmal steht nordwestlich des Universitätsplatzes. Es ist in Form eines kleinen griechischen Theaters erbaut und trägt in seiner Mitte das Bronzestandbild des jungen Gœthe, als jungen Studenten, der er während seines Aufenthalts in Straßburg 1870-1871 war. Zu seinen Seiten die Musen der dramatischen und der lyrischen Kunst. Sonnenuntergang über einem Teil des Rheinhafens, mit der Stadt im Hintergrund.

The Gœthe monument created by the sculptor Waegener and unveiled in 1904, stands to the north-west of the place de l'Université (University Square). Constructed in the form of a little Greek theatre against a background of trees, it has at its centre the bronze statue of Gœthe, depicted as the young student he was when he lived in Strasbourg between 1770 and 1771. On either side are statues of the muses of dramatic art and opera.

Le Jardin botanique, vu depuis l'Observatoire.

Der Botanischer Garten.

The Botanic garden.

Constructions de l'entre-deux guerres

Bauten aus der Zeit zwischen den Kriegen

Building in the inter-war period

Bassin d'Austerlitz : ancien Armement Seegmuller réalisé en 1932 et destiné primitivement aux entrepôts.
Désaffecté, la Ville nourrit actuellement le projet de le transformer en une grande médiathèque.

Das Austerlitzbecken: die 1932 erbaute frühere Seegmuller-Werft, die ursprünglich als Lagerhaus dienen sollte.
Sie ist außer Betrieb, und die Stadt hat vor, sie zu einer großen Mediathek umzubauen.Rheinhafen, einer der größten Binnenhäfen Frankreichs, ist der fünftgrößte Rheinhafen.

Austerlitz dock: former Seegmuller armaments factory, built in 1932 and originally designed as warehouses.
It is no longer in use, and the City is currently planning to transform it into a large multimedia library.

Bordé par l'Ill sur ses façades est et sud, l'ESCA, construit en 1935-1936, constitue un énorme bloc de sept étages dans le style du néo-classicisme. Mal intégré dans le style architectural du quartier, ses luxueux appartements offrent une vue splendide sur l'Ill et le quai des Pêcheurs.

Im Osten und Süden von der Ill umgeben, ist das 1935-1936 erbaute ESCA-Gebäude ein sieben Stockwerke hoher riesiger neuklassizistischer Block, der schlecht zur Architektur des Viertels paßt. Es enthält Luxuswohnungen, wegen der Aussicht auf die Ill und den Schifferstaden.

Bordered by the Ill on its eastern and southern sides, the ESCA, built between 1935 and 1936, comprises an enormous seven-storey block in the neo-classical style, which does not blend in well with the architectural style of the rest of the district. The apartments it contains are luxurious and expensive, because of the view of the Ill and the quai des Pêcheurs.

Le stade de la Meinau. Depuis 1933 le club du Racing est le porte-drapeau du football alsacien. Le club a gagné la Coupe de France en 1951, 1966 et 2001, la Coupe de la Ligue en 2005, fut champion de France en 1979. Même si ses résultats sont devenus inégaux, ses performances intéressent toujours un public de fans, toujours prêts à enflammer le stade, les soirs de grand match. C'est dans ce stade que Jean-Paul II a célébré sa messe pontificale lors de sa visite à Strasbourg en octobre 1988, en présence d'une foule impressionnante.

Außenansicht des Meinaustadions. Seit 1993 ist der Racing Club das Aushängeschild des elsässischen Fußballs. Der Club hat 1951, 1966 und 2001 den Landespokal gewonnen und war 1979 französischer Meister, seine Erfolge sind aber unregelmäßig geworden, auch wenn seine Leistungen immer noch viele Fans interessieren. Das Meinaustadion weiß die Fans bei wichtigen Spielen des Racing Club zu begeistern. In diesem Stadion hat Johannes Paul II. während seines Besuchs in Straßburg 1988 vor einer beeindruckenden Menge sein Pontifikalamt gehalten.

The Meinau stadium: exterior view. Since 1933 Racing has been the standard-bearer for football in Alsace. The club won the Coupe de France (French Cup) in 1951, 1966 and 2001 and the French championship in 1979, but since then Racing's results have become inconsistent, although their games are still well-supported by a host of fans. The Meinau stadium is the setting for soaring passions when Racing's fans flock to support their team in important games. It is in this stadium that John-Paul II celebrated his Papal Mass during his visit to Strasbourg in October 1988, in the presence of an impressive crowd.

ULTRA BOYS 90
ALLEZ RACING
KOP CIEL et BLANC
ULTRAS
STRASBOURG
CAEN
FOREVER
Phönix Sons
FUMIGENES
RACING

Vue aérienne de Strasbourg depuis la Tour de Chimie.

Luftbild von Straßburg vom Hochhaus des chemischen Instituts aus.

Aerial view of Strasbourg from the Tour de Chimie.

Strasbourg d'aujourd'hui

Das heutige Straßburg

Today's Strasbourg

L'Ill qui entoure l'ellipse du vieux Strasbourg marque fortement le paysage urbain et, par ses quais, contribue au pittoresque de la ville ancienne.

Die Ill, die das elliptisch gebaute alte Straßburg umgibt, prägt stark das Stadtbild, und trägt durch ihre Staden zum malerischen Charakter der Altstadt bei.

The Ill, which surrounds the oval of old Strasbourg, is a striking feature of the urban landscape and its quays contribute to the old city's picturesque aspect.

Vue sur l'Ill et des façades au bord de l'eau.

Winterliche Sicht auf die Ill und Uferfassaden.

View of the Ill and the frontages of waterside buildings.

Beau panorama des quais de l'Ill, quai des Pêcheurs.

Schönes Panorama der Illstaden.

Fine panoramic view of the quays on the Ill.

Pont du Corbeau.

Die Rabenbrücke.

Verdure sur le quai près du pont Saint-Nicolas.

Grün auf dem Staden.

Greenery on the quayside.

VISITE DE STRASBOURG EN BATEAU-RESTAURANT
ALLIGATOR

Le quai Saint-Etienne.

Der Stefansstaden.

The quai Saint-Etienne.

Le quai Mathiss, un paysage verdoyant
avec au fond le pont Pasteur.

Der Mathissstaden, eine grüne Landschaft
mit der Pasteurbrücke im Hintergrund.

Quai Mathiss, and in the background the Pasteur Bridge.

Quai Saint-Jean.

Auf den Johannisstaden.

Restaurant A l'Oiseau de France

STR. 985 F.

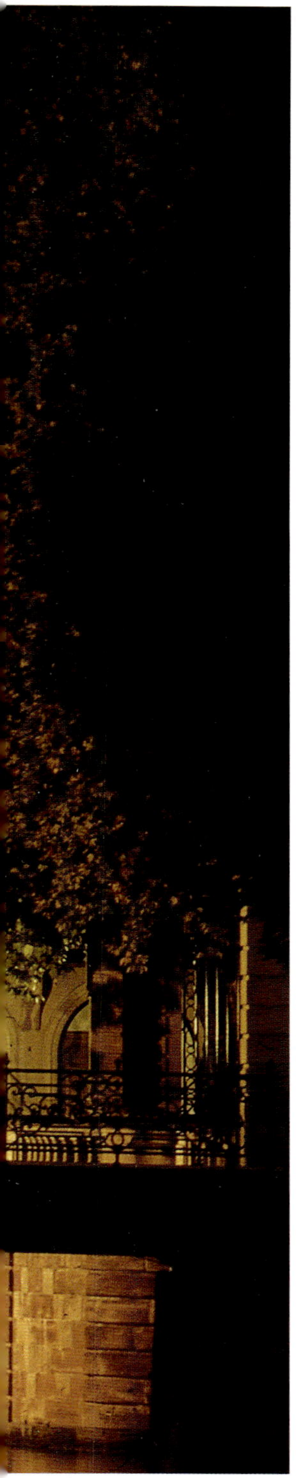

Strasbourg nocturne : les quai Kléber, Saint Nicolas et Charles Frey, le pont Saint-Nicolas et l'église éponyme, construite au XIVème siècle. Devenue église luthérienne sous la Réforme, elle n'est plus aujourd'hui le siège d'une paroisse.

Nächtliches Straßburg: der Quai Kleber und der Nikolausstaden und der Quai Charles Frey, mit der Nikolausbrücke und der Nikolauskirche, die im 14. Jahrhundert erbaut wurde und während der Reformation lutherisch wurde. Heute ist sie nicht mehr Sitz einer Pfarrei.

Strasbourg by night: the Kleber quay and the Saint Nicolas and Charles Frey quays, with the bridge over the Ill and the Saint-Nicolas church, which was built in the 14th century, and became a Lutheran church under the Reformation. Today it no longer has its own parish.

Tram circulant
sur le pont Saint-Nicolas.

Straßenbahn
auf der Nikolausbrücke.

Tram moving across
the Pont Saint-Nicolas.

Vue d'un tram à la station Etoile
devant le centre administratif.

Eine Straßenbahn an der
Haltestelle Etoile, vor dem
Verwaltungszentrum.

The Etoile station in front of the
administrative centre.

Rotonde en verre réalisée par Guy Chapot et installée place de l'Homme de Fer, en 1994, pour l'arrêt du tram.

Rundbau aus Glas, der 1994 an der Straßenbahnhaltestelle Eisernermannplatz aufgestellt und von Guy Chapot erbaut wurde.

Glass rotunda installed at the tram stop in place de l'Homme de Fer and created by Guy Chapot.

Marché sur la place du Marché-aux-Poissons.

Markt auf dem Fischmarktplatz.

Market in the place du Marché-aux-Poissons.

Le marché bi-hebdomadaire de la place Broglie.

Den zweiwöchentlichen Markt auf dem Broglieplatz.

The twice-weekly market in place Broglie.

Le marché des bouquinistes, place et rue Gutenberg, fait partie du paysage strasbourgeois.

Der Büchermarkt auf Gutenbergplatz und Gutenbergstraße gehört zur Straßburger Landschaft.

The second-hand book market, in the place and rue Gutenberg, is a part of the Strasbourg landscape.

Depuis 1991 la place Kléber est embellie durant le marché de Noël par un énorme sapin décoré par Antoinette Pflimlin, fille de l'ancien maire et ministre, pour symboliser l'atmosphère de Noël durant tout le mois de décembre.

Seit 1992 wird der Kléberplatz während des Weihnachtsmarkts durch einen riesigen Tannenbaum verschönert, der von Antoinette Pflimlin, der Tochter des früheren Bürgermeisters und Ministers, dekoriert wird, um den ganzen Dezember lang Weihnachtsatmosphäre zu verbreiten.

Since 1991 place Kléber has been made even more attractive during the Christmas market by an enormous fir tree decorated by Antoinette Pflimlin, daughter of the former mayor and minister, to symbolise the Christmas atmosphere throughout the month of December.

Marché de Noël. Depuis 1991 Strasbourg a multiplié avec succès les animations de fin novembre au 24 décembre avec le slogan « Strasbourg, Capitale de Noël ».

Der Weihnachtsmarkt. Seit 1991 hält Straßburg erfolgreich von Ende November bis zum 24. Dezember eine Menge Veranstaltungen unter dem Motto « Weihnachtshauptstadt Straßburg » ab.

Christmas Market. Since 1991 Strasbourg has staged numerous events between late November and 24 December, with the slogan: "Strasbourg, Capital of Christmas".

Décoration de la rue des Orfèvres, une rue active et commerçante située près de la cathédrale. Avant 1789, elle regroupait les orfèvres, profession dont les membres passaient pour fortunés.

Das Dekor der Goldschmiedgasse, einer nahe des Münsters gelegenen Geschäftsstraße. Vor 1789 fanden sich hier die Goldschmiede zusammen, ein Berufsstand, der als wohlhabend galt.

Decoration in the rue des Orfèvres, a busy shopping street located near to the cathedral. Before 1789 this was where all the goldsmiths had their businesses. The members of this profession were regarded as wealthy men.

Place du Marché-aux-Poissons. Situé à côté du palais Rohan, ce marché était autrefois approvisionné par une importante corporation de pêcheurs.

Der Fischmarktplatz. Neben dem Rohanpalast gelegen, fand hier früher der Fischmarkt statt, der von einer großen Fischerzunft versorgt wurde.

Place du Marché-aux-Poissons (fish-market square). Situated next to the Rohan Palace, this was formerly the place where the fish market was held, supplied by a large guild of fishermen.

Parmi les spécificités strasbourgeoises figurent les winstubs (ici celle «Au Clou»), petits restaurants où l'on sert, dans une ambiance chaleureuse, des plats régionaux toujours accompagnés de vin d'Alsace. C'est dans une autre Winstub, « Chez Yvonne », qu'est descendu le président Chirac lors des rencontres internationales.

Zu den Straßburger Spezialitäten gehören die Winstuben (hier «Au Clou»), kleine Restaurants, wo man in gemütlicher Atmosphäre elsässische Gerichte und Wein serviert. In einer anderen Winstub, « Chez Yvonne », hat sich Präsident Chirac mit internationalen Politikern getroffen.

Among the special features of Strasbourg are the Winstubs (the one pictured here is the «Au Clou»), small restaurants where regional dishes are served in a welcoming atmosphere, always accompanied by Alsatian wine. President Chirac visited another Winstub, « Chez Yvonne », for international talks.

Restaurant de la place Brant qui se trouve au centre de l'axe reliant la place de Haguenau à la place de Kehl dans la « ville allemande » de Strasbourg.

Schaufenster am Brantplatz, der sich imMittelpunkt der Achse zwischen Hagenauer Platz und Kehler Platz befindet, in der « deutschen Stadt » Straßburgs.

Shop windows in place Brant, which stands at the mid-point of the main thoroughfare linking place de Haguenau to place de Kehl in Strasbourg's "German town".

Dans le parc de l'Orangerie, le restaurant Buerehiesel est installé dans une authentique maison Renaissance, transférée de Molsheim à Strasbourg en 1895.

Ansicht des Orangerieparks mit dem Restaurant Buerehiesel, das in einem originalen, 1895 von Molsheim nach Straßburg verlegten, Renaissancehaus untergebracht ist.

In the Orangerie park with the Buerehiesel restaurant, located in an authentic Renaissance house, which was transferred from Molsheim to Strasbourg in 1895.

Bordé d'arbres, le quai Kléber constitue,
pour les piétons et les cyclistes, un agréable lieu de promenade.

Der von Bäumen bestandene Kléberstaden ist ein angenehmer Ort
für Spaziergänger und Radfahrer.

Quai Kléber (Kléber Quay) provides a pleasant environment for walking and cycling.

Lac de l'Orangerie. Son beau « geyser » ne fonctionne que pendant la belle saison.

Der Orangeriesee mit einer schönen Fontäne.
Der Springbrunnen ist nur zur schönen Jahreszeit aktiv.

Orangerie lake with fountain, which is only in operation during the summer months.

Une importante flotte de plaisance circule sur l'Ill et les canaux. Ces derniers offrent de nombreux circuits touristiques permettant découvrir la ville en bateau. L'embarcadère public est au niveau du palais des Rohan.

Ausflugsschiff. Eine große Ausflugsschiffflotte fährt auf der Ill und den Kanälen, die viele touristische Rundfahrten zur Entdeckung der Stadt bereithalten. Die öffentliche Anlegestelle liegt am Rohanpalast. Es gibt auch private Boote, wie auf unserem Bild.

Pleasure boat. A large fleet of pleasure boats ply their trade on the Ill and the canals, which offer numerous ways for tourists to explore the city by boat. The public landing stage is by the Palais des Rohan (Rohan palace). There are also private pleasure boats, like the one shown in the photograph.

Depuis les années 1920 la municipalité a multiplié les jardins ouvriers devenus une caractéristique des faubourgs, comme ici au Neuhof avec ses gloriettes bien entretenues.

Seit 1920 hat die Stadtverwaltung viele Schrebergärten angelegt, die mittlerweile typisch für die Vorstädte sind, so wie hier im Neuhof, mit seinen gepflegten Gartenhäuschen.

Since the 1920s, the city authorities have created numerous workers' gardens, which have become a characteristic feature of the suburbs, as here in Neuhofm with its well-maintained gazebos.

Bâtiment Pôle européen, boulevard d'Anvers.

Instruments à l'Observatoire astronomique.

Instrumentarium der Sternwarte.

Instruments at the astronomical Observatory.

Derrière le Palais Universitaire se trouve un très beau et très riche jardin botanique avec au fond l'Observatoire astronomique et sa coupole, réalisé en 1880.

Hinter dem Universitätspalast befindet sich ein sehr schöner und sehr reichhaltiger botanischer Garten, und in ihm die 1880 erbaute Sternwarteund ihre Kuppel.

Behind the Palais Universitaire (university palace) there is a very beautiful and lavishly planted botanical garden. At the far end stands the astronomical Observatory with its dome, built in 1880.

Vue du Jardin Botanique situé derrière le Palais Universitaire : une grande étendue de verdure en pleine ville.

Ansicht des hinter dem Universitätspalast liegenden botanischen Gartens: eine große Grünfläche mitten in der Stadt.

View of the botanic garden.

Avenue de Gaulle. Cette artère principale du quartier de l'Esplanade est embellie par des œuvres sculpturales du XXème siècle, dont trois sculptures de Hans Arp (1886-1966).

Die avenue de Gaulle, Hauptverkehrsstraße des Esplanadeviertels, verschönert duch Plastiken des 20. Jahrhunderts, darunter drei Skulpturen von Hans Arp (1886-1966).

Avenue de Gaulle, main thoroughfare in the Esplanade district, its attractiveness enhanced by twentieth-century sculptures, including three by Hans Arp (1886-1966).

Place d'Athènes à l'Esplanade.

Statue place de Zurich, au centre du quartier de la Krutenau.

Standbild auf dem Züricher Platz im Krutenauviertel.

Statue in the place de Zurich, at the centre of the Krutenau district.

Statue équestre de Jeanne d'Arc, réplique de l'œuvre d'Auguste Dubois (1905), remontée en 1965 sur la place devant l'église Saint-Maurice.

Reiterstandbild der Jeanne d'Arc, eine Kopie des Originalwerks von Auguste Dubois (1905), die 1965 auf dem Kirchplatz vor St. Moritz wiederaufgestellt wurde.

Equestrian statue of Joan of Arc, a replica of the work by Auguste Dubois (1905), re-erected in 1965 in the square outside the church of Saint-Maurice.

Le long de l'Ill : clients attablés au-dessous d'une maison alsacienne à façade à colombages.

Entlang der Ill: Restaurantgäste unter einem elsässischen Fachwerkhaus.

Beside the Ill: Alsatian house with half-timbered façade.

Belle vue nocturne du pont du Corbeau avec le quai et l'église Saint-Nicolas.
C'est au pont du Corbeau qu'avaient lieu, au Moyen-Age, les exécutions capitales par noyade.

Schöne nächtliche Ansicht der Rabenbrücke mit Nikolausstaden und Nikolausbrücke.
Im Mittelalter fanden auf der Rabenbrücke Hinrichtungen durch Ertränken statt.

Beautiful night view of the Corbeau Bridge with Saint-Nicolas church and quay.
In the Middle Ages, executions were carried out on the Corbeau Bridge, by means of drowning.

Brasserie Fischer à l'entrée de Schiltigheim. Strasbourg a été un grand centre de brasserie, surtout dans ce faubourg où a été établie la brasserie Fischer. Bien que l'enseigne existe toujours, l'entreprise a été absorbée par une multinationale.

Die Fischer-Brauerei am Eingang Schiltigheims. Straßburg war ein großes Brauereizentrum, vor allem in seinem Vorort Schiltigheim, wo die Fischer-Brauerei ansässig ist. Ihr Markenname existiert noch immer, die Brauerei ist heute aber Teil eines multinationalen Unternehmens.

The Fischer Brewery at the entrance to Schiltigheim. Strasbourg was a great centre for brewing, especially in the Schiltigheim district, where the Fischer brewery was located. The sign still exists, but the business has been absorbed by a multinational.

Une partie du Port-du-Rhin.

Über einem Teil des Rheinhafens.

A part of the Port-du-Rhin.

Le port pétrolier.
Le Port du Rhin, l'un des plus importants
ports fluviaux de France, est le cinquième port rhénan.

Eine Ansicht des Ölhafens.
Der Straßburger Rheinhafen, einer der größten
Binnenhäfen Frankreichs, ist der fünftgrößte Rheinhafen.

The oil terminal.
The Port-du-Rhin (Rhine Port), one of the most important
river ports in France, is the 5th port on the Rhine.

Prison de l'Elsau en bordure de l'autoroute et du canal du Rhône au Rhin. Décorée de couleurs vives, elle n'abrite que des prévenus et des détenus condamnés à de courtes peines.

Das Elsaugefängnis an der Autobahn und dem Rhein-Rhône-Kanal. Es ist in lebhaften Farbtönen dekoriert und nimmt nur Untersuchungshäftlinge und Kurzzeithäftlinge auf.

Elsau Prison beside the autoroute and the Rhône canal leading to the Rhine. Decorated in bright colours, it only houses defendants before they have been convicted, and prisoners serving short sentences.

Bâtiments industriels anciens du port du Rhin. La création du port rhénan, à la fin du XIXème siècle, s'est accompagnée d'une importante industrialisation du quartier.

Alte Industriebauten im Rheinhafen. Die Anlage des Rheinhafens Ende des 19. Jahrhunderts ging mit einer starken Industrialisierung des Viertels einher.

Old industrial buildings in the Port du Rhin. The creation of the Rhine port at the end of the 19th century was accompanied by considerable industrialisation in the district.

Bâtiment rue du Noyer avec en arrière-plan la place des Halles.

Gebäude in der Nußbaumstraße mit dem Hallenzentrum im Hintergrund.

Building in the rue du Noyer with the place des Halles in the background.

Aménagements du boulevard de la Victoire.

Ausbau des Siegesboulevards.

Development of the boulevard de la Victoire.

Le quartier de l'Esplanade édifié dans les années 1960 sur des terrains cédés par l'armée.

Das Esplanadeviertel, das in den Sechzigern auf früherem Armeegelände erbaut wurde.

The Esplanade district built in the 1960s on land handed over by the army.

Ecole Nationale Supérieure de Physique et de Biotechnologie.

Die nationale Hochschule für Physik und Biotechnologie.

Ecole Nationale Supérieure de Physique et de Biotechnologie (National college of physics and biotechnology).

Campus de l'université avec à gauche la faculté de Droit à la façade courbe.

Universitätscampus mit der juristischen Fakultät und ihrer gebogenen Fassade zur Linken.

The university campus.

Architecture moderne de l'église du Christ Ressuscité, à l'Esplanade. Construite en 1973, c'est l'un des édifices les plus remarquables de l'époque.

Moderne Architektur an der Wiederauferstehungskirche im Esplanadeviertel. 1973 erbaut, ist sie eines der bemerkenswertesten Bauwerke jener Epoche.

Modern architecture of the Eglise du Christ Ressuscité (Church of the Risen Christ) on the Esplanade. Built in 1973, it is one of the most remarkable buildings of its era.

Intérieur de la Synagogue de la Paix. Inaugurée en 1958, elle fut construite sur le parc du Contades, en remplacement de l'ancienne synagogue des Halles, incendiée en 1940.
Tout en béton, elle est l'œuvre des architectes Meyer, Lévy et Berst.

Das Innere der Friedenssynagoge, die im Contadespark als Ersatz für die 1940 angezündete Synagoge an den Hallen erbaut worden ist, und 1958 eingeweiht wurde.
Das Werk der Architekten Meyer, Lévy und Berst ist ganz aus Beton gebaut.

Interior of the Synagogue de la Paix (Peace Synagogue), built in the Parc du Contades and opened in 1958 as a replacement for the former Synagogue des Halles, which was burned down in 1940.
It is made entirely of concrete, and is the work of the architects Meyer, Lévy and Berst.

Centre administratif.

Le Centre administratif, place de l'Etoile, construit en 1962 par l'architecte Herrenschmidt.

Das Verwaltungszentrum am Sternenplatz, 1962 von Herrenschmidt erbaut.

The Administrative Centre in place de l'Etoile, built in 1962 by the architect Herrenschmidt.

Les édifices contemporains et ceux de l'Europe

Die zeitgenössischen und europäischen Bauten

Contemporary buildings and those connected with Europe

Nouvelle Chambre des Métiers installée à Schiltigheim.

Die neue Handwerkskammer in Schiltigheim.

New Chamber of Trade, established at Schiltigheim.

CONSEIL DE L'EUROPE
COUNCIL OF EUROPE

Le bâtiment « l'Avancée », inauguré en 1994, abrite les services de l'Electricité de Strasbourg et IBM. Il est un symbole de l'architecture contemporaine, ouverte sur l'avenir de la ville et de l'importance croissante de l'activité tertiaire à Strasbourg.

Das Avancée-Gebäude, 1994 eingeweiht, beherbergt Electricité de Strasbourg und IBM. Es ist ein Symbol zeitgenössischer Architektur, der Zukunft der Stadt und der wachsenden Rolle der Dienstleistungsbranche zugewandt.

The Avancée building, which has housed the offices of l'Electricité de Strasbourg for several years, is a symbol of contemporary architecture, open to the future of the city and Strasbourg's growing role in the service sector.

Le Palais de la Musique et des Congrès, qui a été inauguré en 1974, est l'œuvre des architectes Sauer et Ziegler. Ici une vue intérieure sur la grande Galerie de Marbre, qui sert de salle des pas perdus lors des grands concerts donnés dans la salle Erasme.

Der 1974 eingeweihte Musik - und Kongresspalast ist das Werk der Architekten Sauer und Ziegler. Hier eine Innenansicht der großen Marmorgalerie, die während der großen Konzerte im Erasmussaal als Foyer dient.

The Palais de la Musique et des Congrès (music and conference centre), which was opened in 1974, is the work of the architects Sauer and Ziegler. This is an interior view of the great Galerie de Marbre (Marble Gallery), which is used as a waiting area during major concerts in the Salle Erasme (Erasme hall).

Musée d'Art Moderne.

Das Museum für moderne Kunst.

Museum of Modern Art.

Illustration nocturne de la fête de la musique.

Nächtliche Veranschaulichung des Musikfests.

The music festival.

Ecole de Musique et de Danse de la Ville de Strasbourg.

Die städtische Musik- und Tanzhochschule.

The City of Strasbourg's Ecole de Musique et de Danse (school of music and dance).

Bâtiment de l'Ecole de Musique et de Danse.

Die städtische Musik- und Tanzhochschule.

The Ecole de Musique et de Danse
(school of music and dance).

Panneaux routiers au parc de l'Etoile.

Straßenschilder am Sternenpark.

Road signs in the Parc de l'Etoile.

La Maison de la Région Alsace. Située au Wacken, à l'emplacement d'anciens courts de tennis du Law Tennis Club, elle a été réalisée en 2005, par l'Atelier d'architecture Chaix, Morel et associés.

Das Haus der Region Elsass. Es liegt am Wacken, anstelle früherer Tennisplätze des Lawn Tennis Club, und ist vom Architekturbüro Chaix, Morel et associés erbaut worden.

The Maison de la Région Alsace (House of the Alsace Region). Situated in Wacken on the site of former tennis courts belonging to the Lawn Tennis Club, it was designed and built by the architectural firm of Chaix, Morel and associates, in 2005.

La fontaine du bimillénaire de Strasbourg (1988), avec ses arcades de briques et sa tête de Janus, est une création de Tomi Ungerer. La date du bimillénaire a été fixé en fonction de celle supposée de la fondation d'un camp romain à Strasbourg en -12 av. JC., date aujourd'hui fortement contestée.

Der Straßburger Zweitausendjahrspringbrunnen (1988), mit Ziegelarkaden und einem Januskopf, ist ein Werk Tomi Ungerers. Das Datum der Zweitausendjahrfeier wurde nach dem mutmaßlichen Datum der Gründung eines römischen Armeelagers in Straßburg im Jahr 12 v. Chr. bestimmt. Dieses Datum wird heuzutage stark bezweifelt.

The fountain marking Strasbourg's bi-millennium (1988), with brick arches and a head of Janus, was designed by Tomi Ungerer. The bi-millennium was fixed according to the supposed date when a Roman camp was established in Strasbourg, in 12BC. This date is now fiercely contested.

Vue originale de la bordure du Musée d'Art Moderne et Contemporain inauguré en 1998.

Originelle Ansicht der Umgebung des 1998 eingeweihten Museums für moderne Kunst.

The area around the Musée d'Art Moderne et Contemporain (Museum of Modern and Contemporary Art), opened in 1998.

En 1990 le Département du Bas-Rhin a fait construire, à côté de l'Ill, non loin du barrage Vauban, un hôtel pour abriter l'ensemble des services du Conseil Général. L'architecte Vasconi l'a réalisé dans un style résolument contemporain, dans un gris très foncé, presque noir.

1990 hat das département Bas-Rhin an der Ill, unweit der Vaubansperre, ein Gebäude für den Départementsrat bauen lassen. Der Architekt Vasconi hat es in modernem Stil errichtet, in sehr dunklem, fast schwarzem Grau.

In 1990 the Département du Bas-Rhin built an administrative building to house all the offices of the Departmental council, beside the Ill, not far from the Vauban dam. The architect Vasconi brought it to life in a resolutely contemporary style, in a very dark shade of grey, verging on black.

L'arrière de l'hôtel du Département.

Das Départementsgebäude.

Head offices of the Département, seen from behind.

Allée du Printemps longeant le Parc des Expositions. En arrière-plan, la tour cylindrique du Parlement européen (IPE 4) achevée en 1999, haute de 60 mètres.

Die Frühlingsallee entlang des Messegeländes, mit Aussicht auf den 60 Meter hohen Rundturm des Europaparlaments (IPE 4), der 1999 vollendet wurde.

Spring Walk running along the edge of the Parc des Expositions (exhibition park) with a view towards the 60-metre-high cylindrical tower of the European Parliament (IPE 4), finished in 1999.

Le Parlement européen.

Das Europaparlament.

The European Parliament.

Escaliers intérieurs.
Die Außentreppen.
Internal staircases.

Salle plénière comportant 626 sièges.
Der 626 Sitze umfassende Plenarsaal.
Plenary chamber, with seating for 626.

Couloirs.
Flure.
Corridors.

Le Parlement Européen : éléments de l'architecture

Das Europarlament: Eindrücke seiner Architektur

The European Pa·liament: architectural aspects.

Palais des Droits de l'Homme. Situé sur les bords de l'Ill, à proximité du Parlement européen. Ce palais est, par son architecture à base de verre, un des monuments de l'architecture contemporaine de Strasbourg et le symbole de son destin européen .

Der Menschenrechtspalast. In Nähe des Europaparlaments an der Ill gelegen, ist dieser Palast durch seine Glasarchitektur ein Denkmal zeitgenössischer Baukunst, und das Symbol der europäischen Bestimmung Europas.

Palais des Droits de l'Homme (Palace of the Rights of Man). Situated on the banks of the Ill, close to the European Parliament, this palace's glass-based architecture makes it one of the monuments of contemporary architecture and the symbol of Strasbourg's European destiny.

Passerelle du Parlement européen.
Elle relie le Parlement aux autres bâtiments européens, par-dessus l'Ill.

Fußgängerbrücke des Europaparlaments.
Sie verbindet das Parlament mit den anderen Europagebäuden, über die Ill hinweg.

Footbridge at the European Parliament, linking the Parliament to the other European buildings, across the Ill.

Passerelle des 2 rives. A l'occasion de l'exposition « Jardin des 2 rives », les villes de Strasbourg et de Kehl ont fait construire par l'architecte Mimram une passerelle pour piétons et cyclistes dont les deux branches se rejoignent au centre, au dessus du Rhin. Elle joint les jardins et promenades aménagés sur les deux rives du Rhin.

Die Zweiuferbrücke. Zur Landesgartenschau « Zweiufergarten » haben die Städte Straßburg und Kehl vom Architekten Mimram eine Fußgänger- und Radfahrerbrücke mit zwei Verzweigungen erbauen lassen, die in der Mitte, über dem Rhein, zusammentreffen. Sie verbindet die auf beiden Ufern des Rheins gelegenen Gärten und Spazierwege.

The passerelle des 2 rives (2 banks footbridge). At the time of the «2 Rives Garden» exhibition, the cities of Strasbourg and Kehl commissioned the architect Mimram to build a footbridge for pedestrians and cyclists. It consists of two branches that meet in the centre, above the Rhine. It links the gardens and walks that have been created on the two banks of the Rhine.

20h30 - Coucher de soleil, côté francais.

20h45 - Coucher de soleil, côté allemand.

Remerciements :

A Christine, Manon, Léa, Yanis et ma famille pour leur soutien et leur patience.
A Alain Kaiser et Bernard Ulsemer pour leurs conseils.
A Frantisek Zvardon.
A Chantal Seguin, Monique Herzog, Olivier Nussbaumer, Philippe Junger,
Claude Menninger et Jérôme Raimbault qui ont facilité mon travail.
A Bernard Vogler pour ses textes et Tomi Ungerer pour son soutien au projet.
A toutes les personnes que j'ai croisées pendant mes pérégrinations et
que j'ai photographiées sans avoir le temps de faire leurs connaissances.
A tous ceux que je n'ai pas inscrit dans cette liste mais que je n'oublie pas.
Aux rencontres qui ont forgé mes connaissances et contenté mon sens de la curiosité.
Sans oublier, Hervé, Stéphane et Alain des éditions Autre Vue.
Et enfin à Yves, qui se bat, et que j'attends pour de nouveaux projets.

Christophe

A Christophe pour son œil et sa simplicité.
A Bernard Vogler pour sa plume.
A Clarisse et Alain Striegel pour leur investissement dans ce projet.
A Frantisek Zvardon pour ses recommandations.
A Thérèse Willer, conservatrice de la collection Tomi Ungerer au Musée de Strasbourg.
Et enfin, à Tomi Ungerer, que l'on ne présente plus.

L'éditeur

Un banc sur le barrage Vauban, construit à la fin du XVIIème siècle par l'architecte des fortifications de Louis XIV. De là, on a une splendide perspective sur les ponts couverts et les bras de l'Ill.

Eine Sitzbank, auf der Vaubansperre, die Ende des 17. Jahrhunderts durch den Festungsbaumeister Ludwigs XIV. erbaut wurde. Von der Vaubansperre aus hat man eine schöne Aussicht auf die gedeckten Brücken und die Arme der Ill.

A bench on the Vauban dam, built at the end of the 17th century by the architect responsible for Louis XIV's fortifications. From the Vauban dam there is a fine view of the covered bridges and branches of the Ill.

AUTRE VUE
32, rue Servient - 69003 LYON - FRANCE - Tél. 04 72 69 80 25
Achevé d'imprimer en septembre 2005 - Dépôt légal 3ème trimestre 2005